Artistes | numéro 56

PAOLO UCCELLO,
LE PREMIER DES SURRÉALISTES ?

— De l'obsession de la perspective
à la tentation fantastique

par Barbara Delamarre

50MINUTES

Avec la collaboration de Corinne Durand

PAOLO UCCELLO

- **Nom ?** Paolo di Dono di Paolo, dit Paolo Uccello.
- **Naissance ?** Né en 1397 à Florence.
- **Mort ?** Décédé en décembre 1475.
- **Contexte ?** La Première Renaissance à Florence au XVe siècle ou *Quattrocento*.
- **Œuvres majeures ?**
  - Fresques du cloître de Santa Maria Novella de Florence (1432-1448)
  - *La Lapidation de saint Étienne* (1435-1440)
  - *Monument équestre de Sir John Hawkwood* (1436)
  - *La Bataille de San Romano*, triptyque (1456)
  - *La Thébaïde* (vers 1460)
  - *La Chasse nocturne* (vers 1460)
  - *Saint Georges et le dragon*, deux versions (1430-1435 et vers 1470)

Paolo Uccello occupe une place à part parmi les artistes de la Première Renaissance à Florence. Alors que les noms de Filippo Brunelleschi (1377-1446), Donatello (1386-1466) ou Leon Battista Alberti (1404-1472) sont restés très célèbres, celui d'Uccello demeure plus confidentiel, laissant croire à une œuvre moins riche. Uccello est pourtant un maillon essentiel de cette époque charnière à laquelle l'art emprunte une toute nouvelle voie, à l'image de la société florentine.

Formé dans le meilleur atelier de la ville, il est en contact avec les innovations artistiques majeures de son temps, en particulier celles touchant à la perspective. Mais ses séjours dans le Nord de l'Italie ouvrent également Paolo Uccello au raffinement des dernières œuvres gothiques. Il tente alors de réaliser une synthèse de toutes ces expériences dans un art très personnel et très libre. Rétrograde pour certains, génial pour d'autres, il se caractérise par une grande liberté, ce qui rend l'établissement d'un catalogue de ses œuvres très difficile. Sa peinture ne peut se définir en termes de style. Elle est plutôt un exercice sans cesse renouvelé dans lequel l'artiste choisit parmi les outils et les connaissances à sa disposition ce qui sera le plus à même selon lui de représenter son sujet.

La difficulté à l'identifier et sa grande originalité l'ont écarté des références artistiques jusqu'au XXe siècle. C'est aux avant-gardes qu'il est revenu de retrouver et de remettre en valeur la peinture d'Uccello dont elles ont souligné à la fois le caractère fantastique et la modernité.

DE NOUVELLES PERSPECTIVES

Au XVe siècle ou *Quattrocento*, Florence apparaît comme le berceau d'un vaste mouvement de renouveau culturel : il s'agit de la Première Renaissance. Sur le plan artistique, c'est en son sein que se développent les théories de Leon Battista Alberti et de Filippo Brunelleschi, qui mettent au centre des préoccupations la question de la perspective. Leurs considérations théoriques naissent en réalité d'une confrontation nouvelle à la fois aux œuvres mais aussi, et peut-être surtout, aux écrits de l'Antiquité gréco-romaine redécouverts par les érudits de l'époque. Le traité *De architectura* de Vitruve (Ier siècle av. J.-C.), sorti de l'ombre en 1414, apporte de nombreux éléments de compréhension et de justification aux études contemporaines. On y enjoint les artistes à rechercher la perspective « naturelle », c'est-à-dire celle qui s'approche le plus de la vision réelle de l'environnement par l'œil humain, et qui permet de donner corps à la surface plane d'une peinture ou d'intégrer un bâtiment dans une ville perçue comme une scène de théâtre. Mais la vue est subjective et soumise à de multiples stimuli. Dès lors, pour créer des œuvres cohérentes et proposer un sens de lecture, les artistes usent d'artifices afin de diriger le regard vers un point de fuite, par exemple des architectures (*Le Tribut de saint Pierre* de Masaccio, 1426) ou des carrelages colorés (*La Flagellation* de Piero della Francesca, 1455).

Ces recherches s'opposent le plus souvent aux conceptions médiévales d'une perspective plane et d'un étagement des figures sans volume ni profondeur. L'art de la Renaissance serait ainsi né d'un rejet brutal des conventions de figuration en vigueur jusque-là. Toutefois, penser en termes de rupture est réducteur. En réalité, de nombreux artistes du *Quattrocento* démontrent que leur art ne répond pas à un dogme, mais résulte d'influences diverses. Le style gothique international, notamment, est encore vivace au début du XVᵉ siècle, en particulier dans le Nord de l'Italie, mais aussi à Florence, où Gentile da Fabriano (1370-1427), par exemple, mêle subtilement le luxe du détail, typiquement gothique, à un rendu des volumes et des plans empreint des réflexions de son temps. Paolo Uccello appartient lui aussi à ces artistes que l'histoire de l'art a longtemps décriés parce qu'il ne rentrait pas dans les cadres évolutionnistes : par rapport au rationalisme parfois froid qui règne alors, il fait en effet preuve d'une grande liberté dans ses compositions – mais une liberté née de recherches approfondies.

LE GOTHIQUE INTERNATIONAL

Émergeant à la fin du XIVᵉ siècle, le gothique international marque l'art de cour durant une grande partie du XVᵉ siècle. Né d'une réaction de la noblesse qui souhaite réaffirmer sa richesse face à la montée de la bourgeoisie, il se répand rapidement dans toute l'Europe grâce à la production d'œuvres facilement transportables (manuscrits, coffrets, orfèvrerie). L'une de ses principales caractéristiques est le raffinement : la ligne, très nette, allonge les corps (en particulier féminins) et souligne la richesse des vêtements. Si on constate une certaine recherche de réalisme, notamment à travers l'importance donnée au paysage, les œuvres de ce courant dégagent également une impression de fantastique. Les couleurs franches et l'utilisation fréquente de l'or accentuent encore leur aspect artificiel, tout comme l'utilisation très libre de la lumière et de la perspective.

LES NOUVEAUX PRINCES DE FLORENCE

Les recherches sur la perspective ne se limitent pas à une transcription artistique de théories mathématiques. Elles sont également liées à une réflexion plus large sur l'homme et sur sa place dans le monde. Car la Florence du *Quattrocento* est le lieu d'épanouissement d'un nouvel humanisme, fondé par les études classiques, qui place l'homme au centre de la réflexion. La confrontation constante avec les écrits antiques fait émerger de nouvelles philosophies, comme le néo-platonisme. Platon (vers 427-347 av. J.-C.) constitue d'ailleurs, avec Aristote (384-322 av. J.-C.), le socle de la réflexion sur l'art ou plus exactement sur le Beau et la vérité de la fiction. Leurs conceptions à priori antagonistes donnent lieu à une nouvelle vision de l'art : s'il imite la nature (*mimêsis*), il ne la copie pas. Il la reproduit et, par là, lui ajoute un supplément de sens, la propulse du domaine du sensible à l'intelligible.

Ces questionnements philosophiques n'ont pas seulement un impact artistique, ils influencent aussi grandement la vie intellectuelle et politique de Florence. Le XIVᵉ siècle est marqué par de multiples crises, suite à une crue de l'Arno qui endommage de nombreux bâtiments en 1333, une épidémie de peste en 1348, une famine en 1374 et plusieurs révoltes avortées du peuple pour reprendre le pouvoir. Au tournant du XVᵉ siècle, si la ville est toujours économiquement prospère, la sensation d'un pouvoir illégitime se répand de nouveau, et le peuple de Florence se tourne vers un personnage qu'il pense être son allié, Cosme de Médicis (1389-1464). Exilé en 1433, ce dernier revient l'année suivante comme *priore* de la cité, et mène une politique annonçant déjà celle théorisée dans *Le Prince* (1532) par Machiavel (1469-1527) pour son petit-fils, Laurent le Magnifique (1449-1492). Avançant derrière le masque du prince humaniste bienveillant, à l'écoute des citoyens et leur laissant une part active dans le gouvernement, il réussit à subtilement concentrer tous les pouvoirs entre ses mains, nommant seuls les personnages importants de la ville. Ses successeurs poursuivront cette politique et l'affirmeront même plus clairement. Mais à côté de cela, les Médicis sont des lettrés, des amateurs d'art et des mécènes qui contribuent à faire de la ville de Florence le plus grand centre artistique de la Première Renaissance. Durant cette période florissante, les révoltes populaires sont éteintes, peut-être adoucies par les œuvres qui se multiplient partout dans la ville et sur les murs des églises et des palais.

L'HUMANISME FLORENTIN

L'humanisme naît en Toscane au XIVe siècle suite à la volonté de quelques poètes et écrivains de se dégager d'une éducation médiévale jugée trop dogmatique. L'enseignement est alors fondé sur la scolastique, qui consiste en une discussion sur les textes bibliques. Sans rejeter la foi chrétienne, les humanistes recherchent des références plus anciennes afin d'offrir aux hommes une éducation plus diversifiée et plus à même de faire d'eux des citoyens éclairés, libres et tolérants. Ils se tournent vers l'étude des textes antiques fondateurs, dans leurs versions originales, délaissant les commentaires qui en ont été faits aux siècles précédents, pour y puiser une pensée neuve et libre de préjugés. Si les premiers auteurs étudiés sont latins, c'est surtout l'étude de Platon qui ouvre de nouvelles perspectives, en particulier grâce au Florentin Marsile Ficin (1433-1499), qui voit dans le philosophe grec le précurseur d'un christianisme vertueux. À partir du XVIe siècle, l'humanisme se diffuse dans toute l'Europe, engendrant une vaste réflexion sur l'homme, la religion et la société qui mènera notamment à la Réforme protestante et à la philosophie des Lumières.

BIOGRAPHIE

SE FORMER PARMI LES MAÎTRES

Paolo di Dono di Paolo naît à Florence en 1397 d'un père chirurgien-barbier, citoyen florentin depuis 1373, et d'une mère issue d'une vieille famille florentine. Dès 1404, à l'âge de sept ans, il est garçon d'atelier chez Lorenzo Ghiberti (1378-1455) qui vient de commencer un travail qui, pour certains, marque le début de la Renaissance : les panneaux de bronze de la porte nord du baptistère de Florence (1403-1424). Le premier art auquel est confronté le jeune Uccello est donc la sculpture, qu'il n'exercera pourtant pas lui-même, laissant cela à son compatriote Donatello (1386-1466), rencontré dans l'atelier de Ghiberti et dont il restera proche jusqu'à la fin de sa vie.

Uccello travaille dans cet atelier au moins jusqu'en 1416, mais son statut évolue : il devient apprenti et perçoit un meilleur salaire. Il s'inscrit à la Corporation des médecins et apothicaires en 1414, une tradition chez les peintres florentins depuis Giotto (1266/1267-1337). L'année de son adhésion à la Compagnie des peintres de saint Luc, qui regroupe les plus grands artistes florentins jusqu'au milieu du XVIe siècle, est toutefois sujette à discussion. Uccello en fait partie à partir de 1414 ou de 1424. La date est importante car elle marque la fin de son apprentissage et son accession au rang de maître. Aucune de ses œuvres connues n'étant antérieure à 1425, l'année 1424 paraît plus probable.

Chez Ghiberti, Uccello est au contact des plus grands artistes florentins du début du XVe siècle, en particulier les sculpteurs Donatello et Michelozzo di Bartolomeo (1396-1472). Cette expérience influence sans doute profondément son art, qui ressemble à de la « peinture sculptée » (BORMAND (Marc) et POLOZZI STROZZI (Beatrice), *Le Printemps de la Renaissance*, Paris et Milan, Éditions du Louvre et Officina Libraria, 2013, p. 157).

UN PASSAGE PAR VENISE

Alors que sa carrière commence à peine, Uccello part à Venise où il travaille à la basilique Saint-Marc entre 1425 et 1430. La ville fait alors appel à des artistes toscans pour renouveler un art encore très attaché au gothique. Ghiberti s'y trouve déjà, et c'est probablement lui qui est à l'origine de la venue d'Uccello, encore presque inconnu. Ce dernier réalise plusieurs mosaïques, dont un saint Pierre pour la façade de la basilique, aujourd'hui perdu, mais dont la réputation lancera véritablement sa reconnaissance en tant qu'artiste. Les vestiges conservés de son travail vénitien (dans la basilique et au musée Marciano de Venise) dévoilent de savants jeux géométriques, un exercice qu'il poursuivra toute sa vie.

La satisfaction des Vénitiens lui permet d'obtenir de nouvelles commandes à son retour à Florence. Il travaille à la cathédrale entre 1432 et 1455, réalisant notamment le *Monument équestre de Sir John Hawkwood* (1436), une fresque sur le revers de la façade occidentale (1443) et des cartons pour des vitraux (1443-1444). Il rejoint ensuite son ami Donatello à Padoue, où il exécute une fresque pour la façade d'une maison noble, aujourd'hui disparue, qui aurait grandement impressionné Andrea Mantegna (1431-1506), un artiste dont certaines des recherches visuelles l'apparentent à Paolo Uccello.

Au milieu du XVe siècle, les commandes se succèdent, Uccello apparaît sur les plus grands chantiers florentins, dont la cathédrale et le couvent de Santa Maria Novella, et le gouvernement de la ville fait même appel à lui, notamment pour réaliser le triptyque de *La Bataille de San Romano* (1456). Sa vie privée profite de sa renommée publique : il épouse en 1452 Tommasa di Benedetto Malifici, de 30 ans sa cadette, avec qui il a un fils (Donato, né en 1453) et une fille (Antonia, née en 1456). Tous deux s'essaieront à une carrière artistique, sans réel succès.

ENTRE SUCCÈS ET ISOLEMENT

Si sa renommée d'artiste semble avérée, la personnalité d'Uccello est quant à elle plus mystérieuse, voire sujette à critiques.

Il se plaint à la fin de sa vie de la pauvreté et des difficultés de son existence, son épouse étant devenue infirme (déclaration au cadastre de Florence en 1469). Les documents antérieurs montrent pourtant qu'il a, sinon une richesse, au moins une situation confortable, puisqu'il possède une maison et un atelier. En outre, dans son testament, établi en 1475, il est en mesure de restituer à sa femme sa dot de 200 florins d'or – son salaire d'apprenti chez Ghiberti était de cinq florins par an –, et même de laisser des biens à son fils Donato.

Parmi ces legs figurent des œuvres, en particulier des dessins dont certains entreront dans la collection de Giorgio Vasari (1511-1574), le célèbre biographe des artistes de la Renaissance.

Uccello ne semble donc pas être mort dans la misère, mais c'est pourtant la légende qui s'est construite autour de lui. Fasciné par les recherches géométriques, « il s'occupa uniquement de perspective, ce qui le mena pauvre et obscur jusqu'à sa mort », explique Vasari (VASARI (Giorgio), *Les Vies des meilleurs peintres, sculpteurs et architectes*, Paris, Berger-Levrault, 1983, p. 116). Cette figure de l'artiste taciturne et besogneux jusqu'à en oublier sa famille semble être l'un des nombreux « types » de l'ouvrage de Vasari, présentés à titre d'exemple aux nouvelles générations d'artistes. Dans le cas d'Uccello, si Vasari lui reconnaît d'immenses qualités artistiques, il le place toujours en vis-à-vis de son ami Donatello, qui apparaît comme son opposé. Obsédé de perspective, Uccello en serait venu à oublier la virtuosité des figures, or c'est ce qui fait, aux yeux de l'écrivain, le génie de l'art.

Paolo Uccello meurt le 12 décembre 1475 et est enterré dans le caveau familial de l'église Santo Spirito à Florence.

LES ANECDOTES DE VASARI

Dans sa *Vie de Paolo Uccello* (1550), Giorgio Vasari relate plusieurs anecdotes qui ont donné d'Uccello l'image d'un peintre bizarre, peu en prise avec la réalité. Il raconte notamment que l'artiste aurait déserté le chantier du cloître de San Miniato, vers 1440, car on ne le nourrissait que de fromage. Selon Vasari, ce n'est pas qu'il n'aimait pas ça, mais il craignait de se transformer lui-même en fromage et d'être poursuivi par les charpentiers qui utilisaient une colle à base de cet aliment (la caséine). L'histoire la plus célèbre raconte comment l'épouse d'Uccello se serait sentie délaissée, son époux ne répondant à ses appels à la rejoindre dans la chambre que par un : « Ah ! Quelle douce chose que la perspective ! »

CARACTÉRISTIQUES

UCCELLO, ARTISTE OU ARTISAN ?

L'art d'Uccello est difficile à définir car il est multiple. Le catalogue de ses œuvres est d'ailleurs en perpétuelle évolution et il ne fait pas l'objet d'un consensus chez les spécialistes. Selon les supports, les sujets ou la période de sa vie, le peintre met en avant le jeu de perspective, la composition savante ou le luxe du détail.

Contrairement à nombre de ses contemporains, tels que Leon Battista Alberti ou Piero della Francesca (vers 1416-1492), Uccello n'a pas laissé d'écrits concernant ses recherches sur la perspective et la représentation du volume en peinture. Il nous a cependant légué des dessins d'étude, dont plusieurs représentent un *mazzocchio*, un élément de la coiffure florentine traditionnelle consistant en un tube de bois ou d'osier que l'on recouvre d'une sorte de longue écharpe. S'il est normalement caché par le tissu, Uccello en fait un motif à part entière qui devient le support d'exercices sur la repré-sentation du volume. Ses dessins sont principalement conservés dans la galerie des Offices de Florence et au musée du Louvre à Paris. D'autres sujets comme le vase (*Étude perspective d'un vase*, Florence, galerie des Offices) ou la pointe de diamant (*Sphère à pointes de diamant*, Paris, musée du Louvre) sont également étudiés par le peintre, mais le *mazzochio* reste sa pièce favorite et, pour ainsi dire, sa signature.

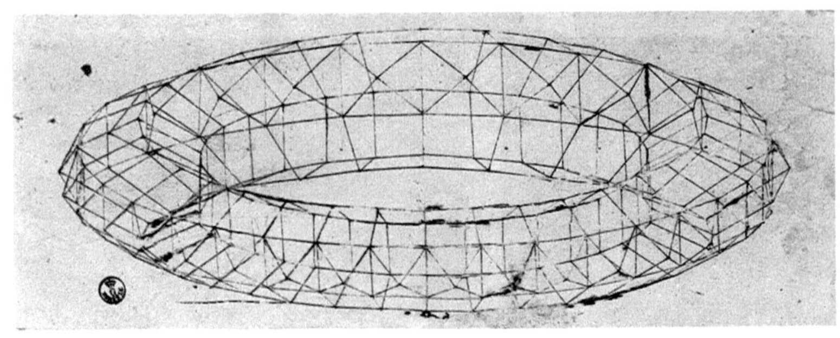

Étude de mazzocchio, papier, 10 x 27 cm, Florence, galerie des Offices.

C'est ce caractère obsessionnel qui l'a justement rendu presque incompréhensible aux yeux de Vasari qui, dans la biographie qu'il lui consacre, fait dire à Donatello que le travail d'Uccello s'apparente plus à la marqueterie qu'à la peinture. Parce qu'il construit méthodiquement ses œuvres, en plaçant ses figures selon une stricte géométrie de l'espace qu'elles ordonnent et mettent en lumière, Paolo Uccello est, selon les critères du XVIe siècle, davantage un artisan qu'un artiste. Au contraire du génie, capable de masquer le travail d'écriture d'un tableau, Uccello fait de sa construction le sujet principal. Cet aspect de son œuvre a d'ailleurs encore été fustigé par certains historiens de l'art contemporains, dont l'Américain Bernard Berenson (1865-1959), pour qui la seule passion de l'artiste est la perspective, « une science à laquelle il sacrifie la couleur, la composition, l'action dépeinte, faisant de la peinture un simple prétexte à composer ses lignes convergentes » (BERENSON (Bernard), *The Florentine Painters of the Renaissance*, New York et Londres, G. P. Putnam's Sons, 1896, p. 33-37).

QUELQUES CARACTÉRISTIQUES PROPRES

Si Paolo Uccello déroute, c'est parce qu'il est très difficile de lui reconnaître un style, une manière. Quelques caractéristiques propres sont cependant décelables dans ses œuvres, en premier lieu cette liberté – toute relative cependant – qu'il prend avec la conception de la perspective nouvellement affirmée. Plutôt que d'appliquer une seule règle mathématique, à l'instar de ses contemporains, il en combine plusieurs.

Uccello témoigne également d'un grand talent dans la représentation animalière. D'après Vasari, cela pourrait s'expliquer par le fait qu'il vivait entouré de tableaux et de dessins représentant des animaux, étant trop pauvre pour en posséder des vivants. Ses chevaux déploient une puissance contenue (*Monument équestre de Sir John Hawkwood*, 1436) ou au contraire déchaînée (*Saint Georges et le dragon*, vers 1470, National Gallery). Si ses personnages semblent parfois figés, comme s'ils étaient irréels, ses animaux sont quant à eux toujours débordants de vie. Une vie qu'ils paraissent comme étonnés de recevoir dans la fresque de *La Création* (vers 1430) du cloître de Santa Maria Novella.

Enfin, les visages d'Uccello accusent dans leur grande majorité une esthétique gothique : présentés plutôt de profil, ils ont des traits fins et secs, comme en témoigne le *Portrait de femme* (1456) conservé au Metropolitan Museum de New York. Toutefois, il est impossible de généraliser cette caractéristique à l'ensemble de l'œuvre du peintre. Ses visages habituellement lisses peuvent parfois devenir extrêmement expressifs, comme c'est le cas dans *La Dispute de saint Étienne* (1435-1440), où l'artiste tente une représentation psychologique des personnages, qui expriment le doute, l'agacement ou encore la colère.

UN ESPRIT LIBRE DES MODES

Au début de la carrière de Paolo Uccello, le gothique international domine encore le paysage artistique italien, excepté à Florence. Ayant séjourné à Venise, Padoue et Sienne, Uccello connaît les œuvres des maîtres gothiques tels que Simone Martini (vers 1284-1344) ou Gentile da Fabriano (1370-1427). L'influence de ce style est notable dans sa peinture, en particulier à travers le goût et la finesse des détails. Les figures longilignes de femmes drapées dans de riches vêtements ou encore le choix de certains sujets (*La Thébaïde*, 1460) permettant de présenter une multitude de scènes font incontestablement penser à certaines œuvres gothiques de l'Italie du Nord ou des Flandres.

De nombreux tableaux d'Uccello peuvent également être mis en regard du manuscrit enluminé des *Très Riches Heures du duc de Berry*, un livre de prières conçu par l'atelier des frères de Limbourg entre 1411 et 1416 pour Jean de Berry (1340-1416). Il s'agit en particulier des scènes que l'on voit se dérouler en arrière-plan, par exemple dans *Saint Georges et le dragon* (1430-1435, musée Jacquemart-André), construites selon une perspective fuyante et multiple : chaque scène se déroule sur son propre plan et converge vers un point de fuite qui lui est propre, une caractéristique que l'on retrouve notamment sur l'arrière-plan de la page du mois de mars du manuscrit des *Très Riches Heures*. C'est ce type de composition qui a pu faire classer Uccello parmi les peintres rétrogrades ou archaïsants. Il travaille en effet dans une ville où les artistes rejettent et balaient ces principes, leur opposant une nouvelle conception de l'espace. Mais Uccello n'est pas pour autant insensible aux changements de son temps, et c'est sans doute là l'originalité majeure de son art : il choisit dans le paysage artistique diverses références, les mêle et les adapte selon ses propres recherches. C'est aussi ce qui le rend presque insaisissable.

MONUMENT ÉQUESTRE
DE SIR JOHN HAWKWOOD

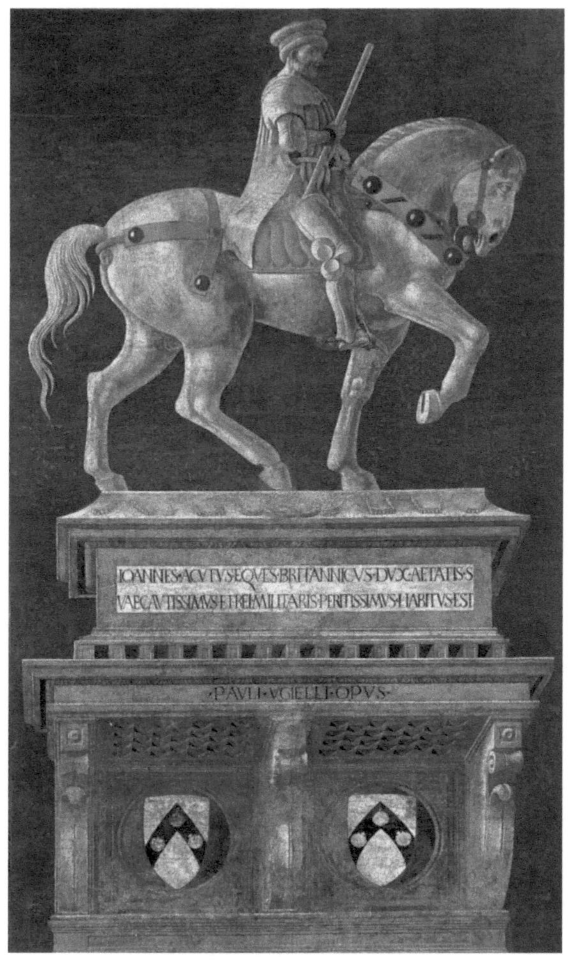

Monument équestre de Sir John Hawkwood, 1436, fresque transposée sur toile, 820 x 515 cm, Florence, cathédrale Santa Maria del Fiore.

Pour cette œuvre, Uccello s'est probablement inspiré de la tradition du monument équestre, qui remonte à l'Antiquité (statue équestre de Marc-Aurèle, Rome, IIe siècle) et jouit d'un regain de popularité au XVe siècle (*Monument équestre à Gattamelata*, Donatello, 1447-1453). Il a également pu être influencé par les chevaux ornant la basilique Saint-Marc de Venise, où il travaillait comme mosaïste l'année précédente.

John Hawkwood (vers 1320-1394) naît en Angleterre et combat pour sa patrie natale lors de la guerre de Cent Ans (1337-1453). Resté en France, il devient ensuite mercenaire, vendant ses services au plus offrant, avant de passer en Italie, où il se fait connaître sous le nom de Giovanni Acuto. *Condottiere* (chef de guerre) tantôt de Florence, tantôt de ses ennemis, il termine sa carrière en 1392 par une victoire pour la cité toscane qui l'accueille alors pour la fin de sa vie avec les honneurs et promet de lui ériger une statue. C'est finalement une fresque qui est réalisée en 1395 par Agnolo Gaddi (vers 1350-1396) et Giuliano d'Arrigo (vers 1367-1446), mais l'œuvre se détériore rapidement et on envisage de la remplacer dès 1433. La ville de Florence fait alors appel à Paolo Uccello en 1436.

À première vue, plusieurs aspects de l'œuvre frappent le specta-teur, en particulier ses dimensions importantes et ses couleurs très franches : au fond d'un rouge très sombre s'oppose la *terra verde* du tombeau et de la statue, un pigment naturel utilisé pour simuler la pierre. Aussi la perspective est-elle maniée à la fois avec rigueur et liberté. Ce qui apparaît d'abord comme une déformation étrange est en réalité la transposition de deux points de vue : la statue et son piédestal sont vus de face, tandis que les consoles qui les soutiennent sont vues du dessous. Soit Paolo Uccello a ainsi cherché à représenter deux moments de l'observation d'un monument sculpté, soit il a voulu mettre l'accent sur l'exemplarité d'Hawkwood. Une autre hypothèse affirme qu'il n'a pas peint lui-même la partie basse, qui serait un ves-tige de la première fresque.

L'inscription sur le piédestal et la corniche rappelle les honneurs faits par Florence à celui qui a pourtant été fortement critiqué par nombre de ses contemporains, notamment les humanistes Pétrarque et Boccace (1313-1375) : « John Hawkwood, chevalier anglais, le plus prudent des chefs de son temps et le plus expert dans l'art de la guerre. » On y remarque également la signature de l'artiste, « Pauli Ugielli opus ».

LE DÉLUGE ET LE RETRAIT DES EAUX

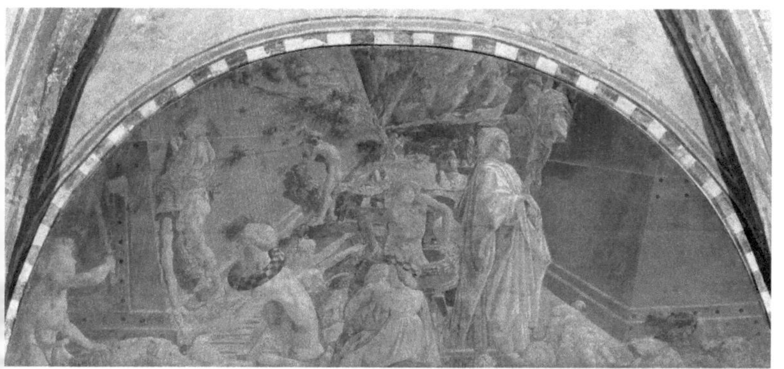

Le Déluge et le Retrait des eaux, 1446-1448, fresque, 215 x 510 cm, Florence, cloître du couvent Santa Maria Novella.

Le couvent de Santa Maria Novella à Florence, aujourd'hui trans-formé en musée, possède l'une des plus belles collections de peintures de la Renaissance toscane. Uccello se voit confier la déco-ration du grand cloître, désormais connu sous le nom de Cloître vert (*Chiostro Verde*) en raison de l'emploi important de la *terra verde* dans ses fresques. Une première série de fresques réalisée dans les années 1430 représente la Création et le péché originel. Une quinzaine d'années plus tard, Uccello livre une histoire de Noé. Dans la partie inférieure sont représentés le sacrifice et l'ivresse de Noé, et dans la partie supérieure le Déluge et le retrait des eaux. Occupant l'espace d'un demi-cercle, la fresque, avec sa multitude de personnages, d'animaux et d'objets, paraît au premier abord désordonnée. Mais rapidement des éléments émergent : les deux *mazzocchi*, traités en quadrillage noir et blanc, sur les personnages du premier plan ; l'homme au centre qui s'échappe d'un tonneau ; et la figure solennelle de Noé, à droite, en qui l'on a parfois reconnu Cosme de Médicis.

L'étrangeté de l'œuvre vient aussi de sa double perspective due à la représentation, de manière très médiévale, de deux moments distincts, séparés par des jeux optiques. À gauche, l'arche vue de côté vogue sur les flots du Déluge, alors qu'à droite, on voit sa face avant s'ouvrir pour laisser sortir les rescapés. L'espace central est quant à lui occupé par des personnages luttant entre eux, comme les cavaliers à gauche, ou contre la fatalité matérialisée par les nuages noirs, le vent, les arbres et la pluie qui balaient la coque de l'arche. Mais, dans le ciel à droite, un ange repousse déjà les nuages. Noé peut alors sortir et dévoiler aux hommes, y compris au spectateur de l'œuvre, les terreurs de l'après-catastrophe : il se trouve devant le corps bouffi d'un enfant noyé et les corbeaux se délectent des cadavres.

LA BATAILLE DE SAN ROMANO
– NICCOLO DA TOLENTINO À LA TÊTE
DES FLORENTINS

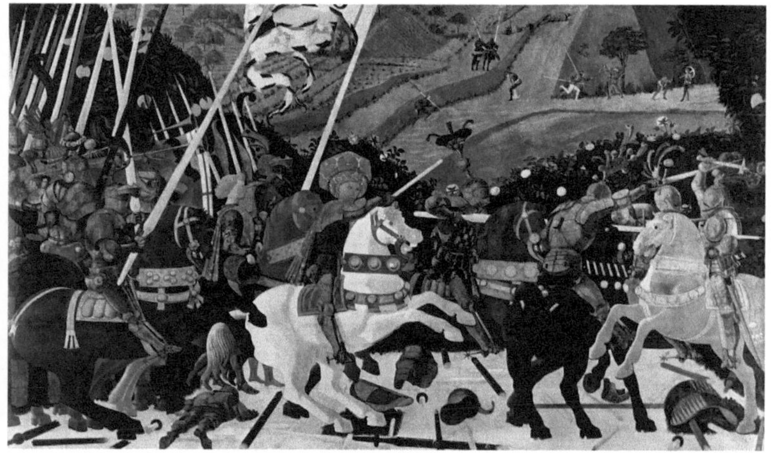

La Bataille de San Romano – Niccolo da Tolentino à la tête des Florentins, 1456, tempera sur bois, 182 x 320 cm, Londres, The National Gallery.

Le triptyque de *La Bataille de San Romano* est sans conteste l'œuvre la plus célèbre et la plus admirée d'Uccello. Aujourd'hui divisée entre trois grands musées européens (la National Gallery de Londres, la galerie des Offices de Florence et le musée du Louvre à Paris), l'œuvre a malheureusement perdu en cohérence, d'autant plus que les tableaux ont été modifiés. La partie supérieure était originellement en arc de cercle, mais elle a été découpée et des coins ont été rajoutés afin d'obtenir un format rectangulaire.

L'épisode représenté est une bataille décisive qui eut lieu à San Romano, près de Lucques, en 1432, et lors de laquelle Florence emporta la victoire face à Sienne. Le triptyque aurait été commandé vers 1433 par Lionardo Bartolini Salimbeni (1404-1479) pour sa résidence florentine, plutôt que par la famille Médicis, comme on l'a longtemps suggéré. Cette œuvre était néanmoins présentée dans la chambre d'apparat de Laurent le Magnifique à la fin du XVe siècle et on sait qu'elle est restée aux mains des Médicis jusqu'à la fin du XVIIIe siècle.

Le tableau qui se trouve actuellement à Londres, représentant le chef des armées florentines (au centre, sur un cheval blanc), concentre toutes les caractéristiques les plus marquantes de l'art d'Uccello. La confrontation si vivante et si mouvementée des troupes semble se dérouler sur une scène de théâtre, sur trois niveaux possédant chacun leurs propres règles de perspective. La scène à proprement parler est régie par les principes de la perspective d'Alberti : les cavaliers évoluent au sein d'un espace organisé géométriquement par les lances brisées au sol dessinant les lignes de fuite. Ces principes sont résumés dans la figure du soldat allongé sur la gauche, réalisé dans un audacieux raccourci que l'on peut rapprocher de celui de *La Lamentation sur le Christ mort* (vers 1480) de Mantegna.

La grande haie, dont les fruits et les fleurs en forme de boules évoquent le blason des Médicis, constitue la zone de transition avant le fond de l'œuvre. Celui-ci se développe quant à lui selon une perspective plus libre, chaque scène étant représentée selon un point de vue particulier. Ce dispositif particulier évoque un rideau de scène de théâtre. Le lieu d'exposition des panneaux de *La Bataille de San Romano*, dans les salles de réception des vainqueurs, explique sans doute cet aspect théâtral : plus qu'un événement, c'est la puissance de Florence qui doit s'exprimer ici. Le lieu et le temps, et donc le réalisme, sont finalement secondaires.

LA BATAILLE DE SAN ROMANO – LA CONTRE-ATTAQUE DE MICHELETTO DA COTIGNOLA

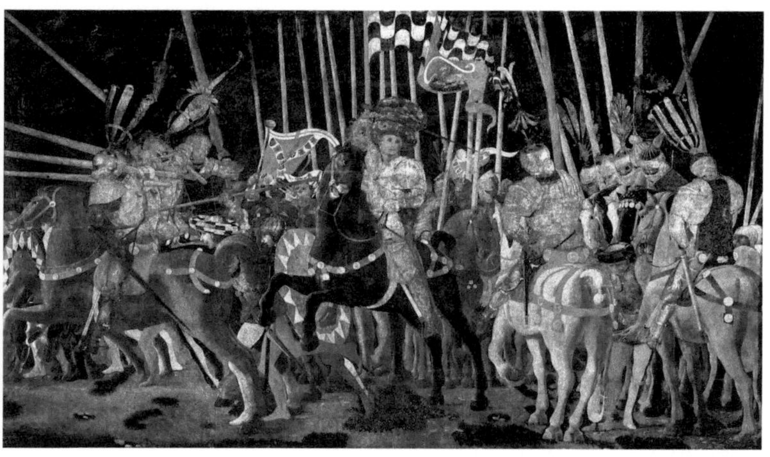

La Bataille de San Romano – La Contre-attaque de Micheletto da Cotignola, 1456, tempera sur bois, 182 x 317 cm, Paris, musée du Louvre.

Le tableau conservé au Louvre représente quant à lui l'arrivée des renforts qui scelleront la victoire de Florence. La structure est très différente de celle des deux autres parties qui composent le triptyque. Ici, pas de fond où se déroulent des scènes annexes. L'horizon est sombre, tout entier masqué par une forêt de lances dressées. Ce tableau est le mieux conservé de la série, comme semblent le démontrer les cuirasses qui possèdent encore, en partie, leurs rehauts d'argent. C'est aussi celui qui a forgé toute la fortune critique du triptyque, la plupart des écrits insistant sur sa représentation magistrale et novatrice du mouvement.

Tout s'organise autour de la figure de Micheletto, dont le cheval cabré à la tête retournée indique le début de l'attaque. Tout autour de lui, la troupe est prise dans un tourbillon qui la porte vers la gauche, mais un cavalier, situé à droite du cheval central, ne suit pas le mouvement. Intégré à la zone de lances dressées, il pourrait renvoyer à un autre moment, celui qui précède l'assaut. Le groupe de gauche est le plus intéressant. On y remarque d'abord les soldats à pied, lancés vers l'avant, têtes baissées dans une attitude volontaire. L'un d'eux est coiffé d'un *mazzocchio*. Le groupe des cavaliers est lui aussi tout entier fondu dans le mouvement. Leur nombre est d'ailleurs difficile à définir : on voit cinq lances, mais seulement quatre selles et on ne discerne que trois armures. Ici encore, Uccello ne s'attache pas au réalisme de la représentation : il semble plutôt s'intéresser à la déconstruction du mouvement d'un seul cavalier. En effet, avec ces multiples figures, le peintre présente en réalité plusieurs moments d'une seule et même action. À l'image des artistes avant-gardistes du XXᵉ siècle (*Nu descendant un escalier*, Marcel Duchamp, 1912), Uccello dépasse les limites imposées par la peinture en y introduisant la dimension temporelle.

LA CHASSE NOCTURNE

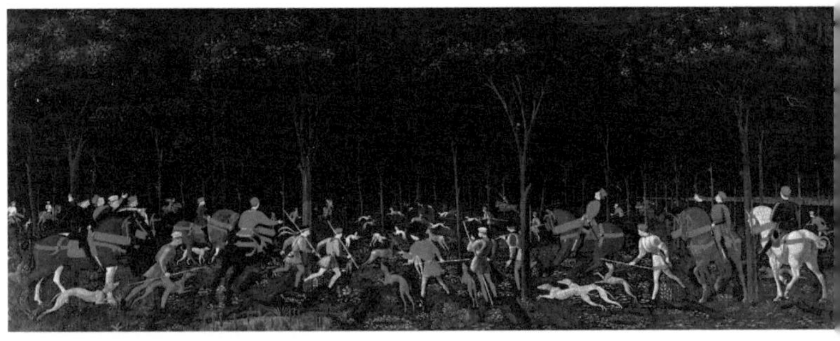

La Chasse nocturne, vers 1460, tempera sur bois, 73 x 177 cm, Oxford, Ashmolean Museum.

La perspective et l'espace sont au centre de ce tableau, vraisemblablement un *spalliera* (panneau décoratif supérieur d'un parement mural à hauteur d'épaules) conçu pour une demeure privée. Cette chasse nocturne rassemble une foule de figures convergeant toutes ou presque vers le centre du tableau. Au fond de la forêt, sombre mais pas sauvage, chasseurs et chassés se mêlent dans un mouvement circulaire.

Cette œuvre, considérée par la majorité des critiques comme produite dans la dernière partie de la vie d'Uccello, apparaît comme un condensé de ses recherches et de son art. La perspective rigoureuse y est traitée en damier : bâtons, épées, lévriers et arbres dessinent des lignes qui s'entrecroisent sur toute la surface du tableau. Elles forment un quadrillage double, à la fois perpendiculaire et diagonal à l'axe de l'œuvre. Le tout se rejoint dans la zone centrale, où le mouvement est circulaire. Si *La Chasse nocturne* est un véritable exercice mathématique et géométrique, elle n'en démontre pas moins le génie de l'artiste : pour le spectateur, la théorie s'efface devant l'énergie de la représentation.

PAOLO UCCELLO, UNE SOURCE D'INSPIRATION

L'IMAGE CHRONOSCOPIQUE

Sans doute en raison d'un jugement assez sévère de sa personnalité par Giorgio Vasari et de son absence des traités de peinture de l'époque (en particulier de ceux d'Alberti et de Piero della Francesca), Paolo Uccello n'est pas à proprement parler une source d'inspiration pour les peintres des siècles suivants. Il est en réalité plutôt considéré comme un artisan bizarre, obsédé de constructions mathématiques, au point d'en oublier la peinture elle-même.

Il faut attendre le début du XXe siècle pour qu'Uccello devienne une référence, en particulier pour les avant-gardes. En Italie, le mouvement futuriste, qui prône le mouvement, la vitesse et la libération vis-à-vis des anciens codes de figuration, trouve chez l'artiste florentin un écho à ses théories. La représentation de différents moments selon divers points de vue ou la décomposition du mouvement (l'image chronoscopique) sont d'ailleurs inscrits dans le manifeste du futurisme. L'œuvre qui les inspire le plus est le triptyque de *La Bataille de San Romano*. Au cours de ces années qui précèdent la Première Guerre mondiale, alors que la violence est l'un des thèmes majeurs de l'art, les lances dressées d'Uccello apparaissent comme un véritable symbole de l'angoisse qui étreint l'Europe. On les retrouve notamment dans *La Charge des Lanciers* (1915) d'Umberto Boccioni (1882-1916) et dans *Les Funérailles de l'anarchiste Galli* (1911) de Carlo Carrà (1881-1966).

LE PREMIER DES SURRÉALISTES

À partir des années vingt, la bizarrerie d'Uccello est considérée comme la marque du fantastique. Guillaume Apollinaire (1880-1918) et André Breton (1896-1966) identifient le peintre comme étant à la source de l'art du Douanier Rousseau (1844-1910). Cet artiste dit naïf aurait poursuivi le travail de colorisation fantastique de la nature entamée par Uccello, notamment avec ses chevaux rouges (*Le Miracle de l'hostie profanée*, 1467-1469). Une démarche qui inspire par la suite Giorgio de Chirico (1888-1978) qui poursuit et achève le travail de déconstruction du temps que les avant-gardes ont décelé chez Uccello. Le caractère très intellectuel de ses tableaux, leur construction savante qui prend souvent le pas sur la recherche de réalisme ou de virtuosité, ou encore l'instinct qui semble le guider sont autant de qualités valorisées par les surréalistes. Il est difficile d'affirmer qu'il existe une parenté directe entre la peinture d'Uccello et la peinture surréaliste, mais les écrivains du mouvement y font clairement référence : André Breton en intitulant un poème *Sur la route de San Romano* (1948), Antonin Artaud (1896-1948) avec *Paul les oiseaux ou la place de l'amour* (1924-1925) et *Uccello, le poil* (1926), ou encore Philippe Soupault (1897-1990), qui lui consacre tout un essai (1929). L'œuvre parfois difficilement compréhensible d'Uccello devient une évidence pour ces artistes du XXᵉ siècle qui en font le représentant d'une peinture métaphysique.

EN RÉSUMÉ

- Paolo Uccello, né en 1397, est un peintre de la Première Renaissance florentine. Son style est difficile à définir car il puise à de nombreuses sources.

- Il participe activement aux recherches sur la perspective qui se déroulent à Florence au début du XVe siècle, mais d'une façon très personnelle. Il choisit d'utiliser la perspective librement, représentant parfois dans une même œuvre plusieurs plans distincts régis par leurs propres règles mathématiques.

- La majorité des œuvres connues de Paolo Uccello sont des attributions tardives. Très peu sont signées, et sa manière changeante complique le travail d'identification.

- À cause de la biographie de l'artiste écrite par Giorgio Vasari, Paolo Uccello apparaît comme un homme obsédé par ses recherches sur la géométrie et la perspective. Cela l'aurait même presque mené à la folie et à la ruine. Or les archives financières du peintre font au contraire état d'une situation financière assez confortable et d'une vie de famille stable.

- La différence qu'il cultive par rapport à ses contemporains l'a éloigné de la liste des grands peintres florentins que chaque artiste devait connaître. Il a fallu attendre le début du XXe siècle et les mouvements futuriste et surréaliste pour que son œuvre soit à nouveau appréciée et mise en valeur.

POUR ALLER PLUS LOIN

SOURCES BIBLIOGRAPHIQUES

- ANTOINE (Jean-Philippe), *La Chair de l'oiseau. Vie imaginaire de Paolo Uccello*, Paris, Gallimard, 1991.
- BLOEDÉ (James), *Paolo Uccello et la représentation du mouvement. Regards sur « La Bataille de San Romano »*, Paris, École nationale supérieure des beaux-arts, 2005.
- BORMAND (Marc) et PAOLOZZI STROZZI (Beatrice), *Le Printemps de la Renaissance. La sculpture et les arts à Florence. 1400-1460*, Paris et Milan, Éditions du Louvre et Officina Libraria, 2013.
- BORSI (Franco et Stefano), *Paolo Uccello*, Paris, Hazan, 1992.
- CAGLIOTI (Francesco), « Nouveautés sur *La Bataille de San Romano* de Paolo Uccello », in *La Revue du Louvre et des musées de France*, 2001.
- HEERS (Jacques), *Le Clan des Médicis. Comment Florence perdit ses libertés. 1200-1500*, Paris, Perrin, 2008.
- ROCCASECCA (Pietro), *Paolo Uccello. Les Batailles*, Paris, Gallimard/ Electa, 1997.
- SCHEFFER (Jean-Louis), *Paolo Uccello. Le Déluge*, Paris, P.O.L., 1999.
- TONGIORGI TOMASI (Lucia) et DAMISCH (Hubert), *Tout l'œuvre peint de Paolo Uccello*, Paris, Flammarion, 1986.
- VASARI (Giorgio), *Les Vies des meilleurs peintres, sculpteurs et architectes*, édition traduite et commentée par André Chastel, Paris, Berger-Levrault, 1983.

SOURCES ICONOGRAPHIQUES

- UCCELLO (Paolo), *Étude de mazzocchio*, papier, 10 x 27 cm, Florence, galerie des Offices. La photo reproduite est réputée libre de droits.

- UCCELLO (Paolo), *La Bataille de San Romano – La Contre-attaque de Micheletto da Cotignola*, 1456, tempera sur bois, 180 x 316 cm, Paris, musée du Louvre. La photo reproduite est réputée libre de droits.
- UCCELLO (Paolo), *La Bataille de San Romano – Niccolo da Tolentino à la tête des florentins*, 1456, tempera sur bois, 182 x 320 cm, Londres, The National Gallery. La photo reproduite est réputée libre de droits.
- UCCELLO (Paolo), *La Chasse nocturne*, vers 1460, tempera sur bois, 73 x 177 cm, Oxford, Ashmolean Museum. La photo reproduite est réputée libre de droits.
- UCCELLO (Paolo), *Le Déluge et le Retrait des eaux*, 1446-1448, fresque, 215 x 510 cm, Florence, cloître du couvent Santa Maria Novella. La photo reproduite est réputée libre de droits.
- UCCELLO (Paolo), *Monument équestre de Sir John Hawkwood*, 1436, fresque transposée sur toile, 820 x 515 cm, Florence, cathédrale Santa Maria del Fiore. La photo reproduite est réputée libre de droits.

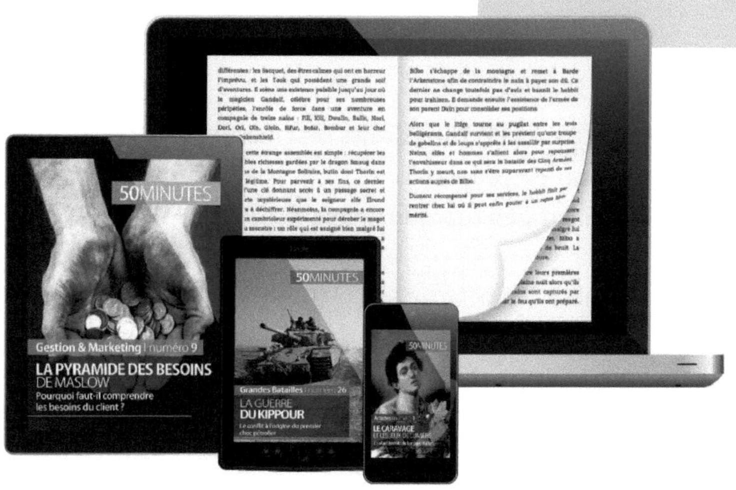

www.50minutes.com

Éditeur responsable : Lemaitre Publishing
Rue Lemaitre 6 | BE-5000 Namur
info@lemaitre-editions.com

ISBN ebook : 978-2-8062-6195-3
ISBN papier : 978-2-8062-6196-0
Dépôt légal : D/2015/12603/29
Photo de couverture : © *La Bataille de San Romano
– La Contre-attaque de Micheletto da Cotignola* (1456),
par Paolo Uccello (détail).

Conception numérique : Primento,
le partenaire numérique des éditeurs